ANTÔNIO DE ALCÂNTARA MACHADO

GERAÇÃO REVOLTADA

CADERNOS ULTRAMARES

ORGANIZAÇÃO E PROJETO GRÁFICO

Marcos Lacerda, Ana Paula Simonaci e Sergio Cohn

CONSELHO EDITORIAL

André Botelho

Bernardo Esteves

Boaventura de Souza Santos

Evelyn Goyannes Dill Orrico

Fréderic Vanderberghe

José Luis Garcia

Maria João Cantinho

Renato Rezende

Teresa Arijón

Vagner Amaro

ISBN 9786586962642

azougue press |
coordenação geral Sergio Cohn
coordenação editorial
Sergio Cohn — Darien Lamen — Cristián Jiménez Plaza
Brasil | CNPJ 12.272.339/0001-26
Portugal | Oca Editorial NF 515805394
USA | E. Id. 803650511
Chile | Tucán Ediciones RUT 77.369.106-1

A proposta dos Cadernos Ultramares é transpor fronteiras. Não apenas geográficas, com a edição de um amplo panorama do pensamento brasileiro para o público português, mas também entre as áreas do saber, criando uma coleção transdisciplinar, acessível não apenas para leitores especializado, pesquisadores e acadêmicos, como para interessados em geral.

Para isto, os Cadernos Ultramares privilegiam a leveza do ensaio, a "brigada ligeira", utilizando-se de um gênero marcado pela abertura e experimentação, uma forma privilegiada para a proposição e a apresentação de interpretações da cultura e da sociedade. Nos últimos anos, o gênero ensaio tem sido revalorizado como um importante meio de diálogo entre a pesquisa acadêmica e a sociedade.

O Brasil possui uma produção riquíssima de pensamento em diversas áreas, que vão da física à antropologia, da matemática às artes. Os Cadernos Ultramares, ao trazerem importantes textos de alguns dos nossos mais renomados pensadores, sejam clássicos ou contemporâneos, busca possibilitar ao leitor um olhar amplo e qualificado sobre essa produção.

Interessa-nos a constituição de um diálogo entre áreas, de uma conversa aberta que escape das armadilhas do pensamento especializado e do produtivismo acadêmico. Interessa, antes de tudo, a valorização do encontro do leitor com o sabor do texto, do prazer da leitura e da troca livre de pensamento.

apresentação
POR SERGIO COHN

Antônio de Alcântara Machado [1901] foi um dos mais atuantes pensadores do modernismo brasileiro. Para além de uma obra literária de inegável originalidade e importância, formada por volumes como *Brás, Bexiga e Barra Funda* (1927) e *Laranja da China* (1928), Alcântara Machado teve uma atuação fundamental como crítico e agitador cultural, tendo editado e colaborado ativamente em publicações modernistas, como *Terra Roxa... e Outras Terras*, *Revista de Antropofagia* e *Revista Nova*.

Advindo de uma das famílias mais tradicionais de São Paulo, os Alcântara Machado de Oliveira, reconhecidos pela participação na política e na cultura da cidade, Antônio cresceu num ambiente que era "comandado pelos livros, em primeiro lugar, e depois pela política", como costumava dizer sua mãe. E reproduziu essa trajetória, se tornando, para além de sua atividade literária, um jovem político de renome, tendo sido eleito deputado pelo Partido Constitucionalista, cargo que não pode exercer por conta da sua morte precoce, em 1935, causada por complicações após uma operação de apêndice.

A obra literária de Alcântara Machado é reconhecida como uma das pioneiras na renovação modernista da prosa ficcional, em estrutura e linguagem, mas também em temática. Voltado para o cotidiano urbano de uma São Paulo então em franco crescimento, Alcântara Machado soube perceber o surgimento de um novo personagem, o imigrante, que trazia profundas alterações na fala e nos costumes da cidade. E o retratou de forma realista e irreverente, adotando a linguagem criada pelo encontro desses estrangeiros — principalmente italianos — com a fala paulistana. Para além disso, em livros como *Laranja da China* e o romance inacabado *Mana Maria*, soube trabalhar o ambiente da pequena burguesia paulistana, em retratos fortes e com grande qualidade narrativa.

Para este volume dos Cadernos Ultramares, reunimos dois blocos de textos de Alcântara Machado. O primeiro bloco, "Geração Revoltada", reúne ensaios em torno do modernismo, escritos entre 1926 e 1929 e publicados originalmente no volume póstumo *Cavaquinho e Saxofone*, editado pela José Olympio em 1940, apresentando a sua obra ensaística. Nestes textos, Alcântara faz uma defesa apaixonada do modernismo, corroborando a tese então vigente de que, ao contrário de outros países europeus e latino-americanos, onde o modernismo surgiu como desdobramento de outros movimentos, como o simbolismo, no Brasil este foi uma ruptura total com o que havia anteriormente, não tendo precedentes nem influências locais. Tese controversa, mas que acabou se consolidando em boa parte da historiografia do movimento.

O segundo bloco de ensaios reúne os textos que Alcântara Machado publicou na *Revista de Antropofagia* durante a sua "primeira dentição", entre 1928 e 1929, nos dez volumes que foram editados por ele em parceria com Raul Bopp. São textos que apareciam na primeira página da revista, fazendo as vezes de editorial, comentando fatos políticos do momento e realizando uma defesa contundente do ideário antropofágico.

Entre os dois blocos, reproduzimos um texto esparso, escrito no final da década de 1920 e também reproduzido no volume *Cavaquinho e Saxofone*, "Prosa e verso". Iniciado com uma deliciosa provocação, "não é que eu ache que temos poetas de sobra. O que me parece é que temos prosadores de menos", o texto faz uma defesa apaixonada do ofício da prosa, analisando suas complexidades e singularidades, sempre com o tom provocativo e irreverente que marca a obra do autor.

Em todos os casos, textos de combate, onde a capacidade crítica e analítica do autor está a serviço do estabelecimento de um movimento literário, e onde literatura, política e sociedade se encontram num desejo de renovação profunda.

GERAÇÃO REVOLTADA

1
SUBSÍDIOS PARA
A HISTÓRIA DA INDEPENDÊNCIA

O atual movimento de renovação artística, rebentando em São Paulo há quatro anos, dividiu a porção do país que usa colarinho em dois campos distintos: um esbraveja indignado, outro silencia sucumbido. O resto, que em matéria de estética nem camisa usa, continua banzando. Indiferente e analfabeto. Bem-aventurado.

A meninada moderna surgiu que nem capoeira em festa de subúrbio. Distribuindo pés de arraia. Prodigalizando cocadas. Arrumando pés de ouvido. O que não prestava virou logo de pernas para o ar. Houve muito nariz esborrachado. Muita costela quebrada. As nove musas tiveram nove chiliques cada uma. Osório quis se enforcar nos bigodes de Alberto. Os bigodes não quiseram. Fontes secaram. Felinto resolveu espalhar os pés. Mas não pode com o peso deles. Coelho virou onça. Lima azedou. Nas igrejolas literárias do interior sinos passadistas tocaram a rebate. Do viaduto de sua mediocridade muita gente se atirou desgostosa da vida. Tiros. Bengaladas. Mortos. Um homenzinho de dedo espetado gritando: "eu sou o último heleno!" Vivórios. Morras. Salva de vinte e um tiros. Foguetes. Bofetadas. Ódios. E o enterro das vítimas: o comendador Alexandrino, o Dr. Soneto, a Sra. Hélade Sagrada, o conselheiro Parnasianismo.

E Laet, velhinho guri, rindo como um danado.

*

Tanto o grupo que esbraveja indignado como o que silencia sucumbido são compostos por velhos proprietários de imensos alqueires de mata incultos e inúteis, invadidos pela gente nova, toda ela de grileiros audaciosos que resolveram fertilizar a terra e valorizar o solo. O que distingue uns dos outros é a maneira de reagir à invasão. Mais nada. Os ranzinzas estrilaram. E vieram a juízo afim de fazerem valer os seus direitos. Os outros cansados não tiveram mais forças para lutar. E assistiram de braços cruzados à entrada maluca.

As duas atitudes são explicáveis. Muito. Sem dúvida. Os medrosos continuaram no seu papel de medrosos. E os valentes queimaram os últimos cartuchos. Nada mais natural.

A revolta destes principiantes é justíssima. A literatura brasileira constituía um vasto domínio pertencente a meia dúzia de cavalheiros mais ou menos respeitáveis. Ninguém ousava ulir no patrimônio sagrado. Seus donos contentavam-se em plantar de vez em quando uma rocinha de milho muito ordinária. E só. O enorme lote de terras riquíssimas continuava abandonado. Sem produzir coisa alguma. Não dava renda. Porém dava importância. Os produtos não apareciam. Ou eram miseráveis. Mas os cavalheiros passavam por grandes proprietários e era o que convinha.

Portanto a invasão da gente moça armada de talento e coragem, de Colt na cinta e machado na mão, guiando tratores Fordson e destruindo à dinamite veio ofender direitos adquiridos, velhas vantagens sempre respeitadas, provocando o salseiro que sabemos.

Mas quem é que mandou essa gente não cuidar do que era seu? Ficar parada bem no meio da agitação enorme em que vivemos? Sempre fanática do carro de boi? Ignorante e estúpida?

Pois que essa gente vá se queixar agora ao bispo mais próximo. Enquanto a rapaziada consulta um agente de automóveis. Também o mais próximo. Que é para não perder tempo.

Nessa indignação entrou igualmente muito de assombro primeiro e de desilusão depois. O assombro dos pobres brasis diante das caravelas descobridoras, faz isso quatrocentos e vinte e seis anos. Igualzinho.

A reação se fez de chofre. Sem ser esperada. De um momento para outro. Foi uma surpresa. Pregou um susto tremendo. O pessoal ficou espantado. Nunca havia visto coisa igual na vida. Nem sabido ou sonhado que pudesse existir.

Sim, porque o primeiro tranco foi no sentido de integrar a literatura brasileira no momento. No memento universal está claro. Daí o espanto. Demos de repente um pulo de cinquenta anos pelo menos. Para podermos emparelhar com o resto do mundo decente. A negralhada naturalmente ficou pateta. Meio século e às vezes mais sempre levaram todas as manifestações da cultura e da inteligência universais para chegar até nós. E repentinamente um milagre desses: repercussão instantânea no Brasil do movimento reacionário europeu de depois da guerra.

Repercussão não fica bem. Deixa entender que a reação nossa não passa de mera consequência da europeia. O que é falso. É mais certo dizer que a mesma ânsia de renovação produziu na Europa como nas duas Américas, no mesmo instante, movimentos reacionários idênticos mas independentes entre si. Reação universal que surgiu como uma necessidade do momento universal. Produto lógico. Fatalismo.

Se em vez de aparecerem simultaneamente como duas forças que se adivinhassem o movimento brasileiro aqui despontasse muito mais tarde como eco remoto do europeu, então sim, a ingenuidade indígena o aplaudiria e aceitaria sem discussão. Seria mais uma moda importada com atraso. Francamente adaptável, portanto.

Mas tal como rebentou não. Os bocós estranharam. Sentiram-se mal. Davam-se tão bem com as velharias. Era tudo tão cômodo e tão fácil. Nem precisavam pensar mais. A coisa já saía sem esforço. O realejo era herança de família e estava à disposição de qualquer um. Bastava estender a mão e virar a manivela. Pronto. A ária mil vezes ouvida contentava todos os ouvidos. Sem cansá-los nunca. Uma beleza.

Depois do assombro veio a desilusão. O pessoal caiu das nuvens. E caiu em si. De chapa em sua pobreza mental. Os homens que escreviam tendo por modelo um bobo alegre como o desgraçado Rostand, por exemplo (e às vezes através de sua tradução portuguesa Júlio Dantas, e que tradução, meu Deus) puseram as mãos na cabeça. Então tudo quanto haviam feito até ali não valia nada? Coisíssima alguma? Estava tudo errado? Quanto trabalho perdido, Nossa Senhora! E agora? Recomeçar do princípio? Impossível. Não havia mais coragem para isso. Nem talento. Nem jeito. Melhor mesmo era insistir no tolo e no torto. Gritando que assim é que deve ser. Tolo e torto é que é bom e bonito. Quem pensa e produz diferente ou é maluco ou está se divertindo à custa da ingenuidade alheia. Eles não. Eles são ladinos. Não vão na onda. O modernismo é uma invenção de dois ou três rapazes que conhecem Paris. Uns pândegos que pensam que o brasileiro é trouxa. Mas o brasileiro não é trouxa não. Qual o que. E Castro Alves? E José de Alencar? E Olavo Bilac? E a Academia de Letras? Homessa. E então tudo isso não conta? Francamente.

Daí veio o despeito. Em seguida a raiva. A raiva inócua dos impotentes. E coisa engraçada: muito mais forte nos moços do que nos velhos. Estes ainda tentaram discutir com elevação. Vendo que não aguentavam mesmo o pulo foram chorar na cama que é lugar quente. Aqueles, não. Viraram feras de verdade. Xingaram. Cuspiram na cara. Mergulharam de cabeça na agressão pessoal. E no ridículo, principalmente. Coitados.

*

Mas tudo isso não tem importância. O que tem é o fato de certos cavalheiros haverem resolvido usar do modernismo como de uma tintura para cabelos, por exemplo. Besuntaram-se com ele e ficaram convencidos de sua modernidade. Convencidíssimos.

Esses, sim, são nefastos e merecem ser enforcados na praça pública.

Pois mais que se lhes diga e repita que o modernismo não é moda nem convenção, mas sim estado de espírito, eles insistem em se declararem modernos. Pensam que só pelo fato de darem títulos exóticos e longos aos seus romances, de fabricarem as suas peças teatrais de modo absurdo, de não usarem rimas nem versos medidos passam a ser furiosamente vanguardistas.

Quando a renovação antes de mais nada é de essência. Não se exprime por fórmulas. Não possui regrinhas nem receitas. Por isso mesmo um soneto pode ser considerado rigorosamente moderno. Nada impede. Que é que tem uma coisa com outra?

Mas os tais não entendem assim. E se a gente procura demonstrar o erro em que estão encolhem os ombros. Puxam a pálpebra com o dedo. Sorriem com superioridade. A eles ninguém engana. Isso de espírito moderno é para os bobos. Não existe. Ou antes: adquire-se muito facilmente. Simples questão de exterioridade. Coisa ao alcance de qualquer um. Basta querer.

Ou então fingem-se surpresos e ofendidos. Quem foi que disse que eles eram modernos? Nunca, jamais, em tempo algum. Com eles é ali no duro: no romance Camilo, no verso Vitor Hugo, no teatro Dumas e na pintura Pedro Alexandrino. Para quem quiser. O que sair daí é asneira quando não loucura. Arte de hospício. Estética de circo. Brinquedo de criança.

São assim. Umas cavalgaduras. Legítimas.

*

Enfim, todas essas manifestações do passadismo nacional divertem bastante a gente. E isso é que é essencial. O resto vem depois.

Um dos maiores benefícios que o movimento moderno nos trouxe foi justamente esse: tornar alegre a literatura brasileira. Alegre quer dizer: saudável, viva, consciente de sua força, satisfeita com seu destino.

Até então no Brasil a preocupação de todo escritor era parecer grave e sereno. O riso era proibido. A pena molhava-se no tinteiro da tristeza e do pessimismo. O papel servia delenço. De tal forma que os livros espremidos só derramavam lágrimas. Se alguma ideia caía vinha num pingo delas. A literatura nacional não passava de uma queixa gemebunda.

Por isso mesmo o segundo tranco de reação foi

mais difícil: integração no ambiente. Fazer literatura brasileira mas sem choro. Disfarçando sempre a tristeza do motivo quando inevitável. Rindo como um moleque. Coisa muito mais higiênica do que suspirar como um conselheiro. E sobretudo muito mais bela.

Aí está o segredo da vitória. Nesta terra de carpideiras intelectuais bastou uma gargalhada moça para renovar o ambiente. Tudo ganhou aspecto novo. Tudo começou a viver. Tudo gargalhou também de puro gozo.

Eu já não me aguento mais.

(1926)

2
FILIAÇÃO IMPOSSÍVEL

Criticando as *Cartas devolvidas* (de João Ribeiro), Rodrigo M. F. de Andrade fez domingo passado no *O Jornal* do Rio algumas observações bem inteligentes a propósito da incompreensão literária que afasta os velhos dos novos do Brasil. Os velhos dos novos e os novos dos velhos. Incompreensão recíproca e profunda. Também irremediável.

Em nenhuma parte do mundo talvez esse divórcio entre os que já foram e os que hão de ser é tão completo como aqui. Os dois grupos nem de vista se conhecem. Entre eles qualquer entendimento é impossível e qualquer aproximação perigosa. A substituição fatal do velho pelo moço vai se operando assim mansamente, sem escândalo e sem luta. Porque mais do que incompreensão o que existe de fato é indiferença.

Fenômeno singular, mas de facílima explicação.

*

É inútil procurar no nosso passado literário qualquer manifestação precursora do espírito novo. O atual movimento renovador não tem na nossa literatura (mesmo na dos trinta anos anteriores de 1922) raízes que o justifiquem ou sinais que o anunciem. Através do parnasianismo do romantismo (o movimento simbolista entre nós foi nulo) a gente não encontra uma corrente ininterrupta e mesmo fragmentada a que se possa filiar a ânsia moderna. Não. Por maior boa vontade que se tenha, por mais concessões que se façam, o Baudelaire brasileiro não aparece. Quando muito (e pertinho de nós) se encontraram coincidências de pequenina significação.

O modernismo brasileiro é o único argumento que existe a favor da geração espontânea. Não teve pais. Nem ao menos preceptores. Nasceu livre de qualquer influência atávica. Estranho a qualquer tradição. Sem ligações ancestrais, sem nome de família, sem nenhuma herança estética. Representou em verdade uma renovação.

Entre os novos e os velhos do Brasil podem existir simpatias. De fato não existem, com uma ou outra exceção. As ligações de parentesco e sangue é que não existem nem podem existir de forma alguma.

Para Rodrigo M. F. de Andrade *só talvez o Sr. João Ribeiro tenha ficado compreensível e familiar aos modernos*. Eu colocaria ao lado do autor das *Cartas devolvidas* o seu companheiro de imortalidade Carlos de Laet e dentre os pobres mortais o serelepe Martim Francisco. Os três são igualmente simpáticos nos novos. Não por uma questão de afinidade esetética ou mesmo devido a qualquer gesto aprovador ou acolhedor deles. Nada disso. O que os torna simpáticos aos moços é a sua velhice jovem. É o fato de não parecerem venerandos. A vivacidade com que escrevem. O desprezo que não escondem pela literatura oficial. O desassombro com que julgam as coisas e os homens de seu tempo. A coragem moleque de suas afirmações.

Para ser moço não basta ter pouca idade. A mocidade é uma conquista (repito uma afirmação alheia). Conquista que muitas vezes só se pode alcançar no fim da vida. Em literatura ser moderno é tudo. Mas ser moço já é muito. Prova da mocidade está na alegria, no desembaraço, na ausência de preconceitos, na falta de respeito humano com que se escreve. Tudo isso pode às vezes até certo ponto suprir aquilo que constitui o modernismo, aquilo que a gente sente mas não é capaz de definir ou ao menos delimitar com precisão. Sente e basta.

Porque são moços embora não sejam modernos é que o translúcido João Ribeiro, o ardido Pimenta de Laet e o peralta Martim Francisco agradam à meninada da renovação brasileira. Só por isso. Mais nada. Entre ela e eles não existe ligação essencial alguma. Nenhum dos três exerce sobre a geração atual qualquer influência por menor que seja.

É o que o Rodrigo frisa quando afirma que a "*Gramatiquinha da fala brasileira*" se faria ainda que não houvesse sido escrita "*A língua nacional*". Põe antes (é verdade) um *parece muito provável*, que eu substituiria por é mais do que certo. Porque é mesmo.

*

Não houve pois revolução. O que houve (já disse há tempos) foi um pulo monstro de cinquenta anos pelo menos. O crítico de amanhã abrirá a boca de assombro diante deste fenômeno sem igual: uma literatura sempre na rabeira que de um momento para outro, sem preparação, sem exercício prévio, inesperadamente, cava o seu lugarzinho na primeira fila.

A gente, por exemplo, encontra explicação fácil para o modernismo francês. Na *Histoire de la Littèrature Française Contemporaine* de René Lalou estão bem fixadas todas as etapas do reide: o simbolismo sucedendo ao idealismo e à reação antinaturalista, depois a febre revolucionária, a febre internacionalista, o intimismo, a preponderência dos fantasistas e finalmente, sublimado avançado de tudo isso, ao mesmo tempo resultado e inversão de todos esses movimentos, o cubismo, o dadaísmo, o surrealismo, o modernismo em suma.

No Brasil não. No Brasil a passagem foi brutal: de Raimundo a Mário. Não houve esse período meio vago de formação e preparo que antecede todas as avançadas. Não houve translação lógica. Não houve intermediários. A bomba explodiu sem mecha. Nada de pontes de ligação. Nenhum Francis James. Nenhum Verhaeren.

Natural, portanto, o desamor da geração nova por um passado absolutamente incompreensível e estranho a ela. Passado no qual não se reconhece e do qual nada herdou. Como alguém que folheando o álbum de retratos de família não descobrisse em todas aquelas fisionomias encardidas um único traço seu.

*

Diante, portanto, da alternativa de ou seguir uma tradição que a mumificava em vida ou repudiar de modo absoluto essa tradição para ser alguma coisa a gentinha do modernismo brasileiro preferiu ser alguma coisa. Não havia portanto outro remédio: era cortar de uma vez com um passado errado e inútil. Foi o que ela fez. E fez muitíssimo bem.

No princípio (que nem o sujeito que mete o pé num animal morto para verificar se o bicho está morto mesmo) ainda deu aos últimos comendadores da Ordem do Soneto a importância de lhes meter o cacete. Para precaução, está claro. Modo eficaz de verificar se os comendadores ainda eram capazes de reagir. Mas os comendadores (coitados) se mostraram completamente inofensivos. Nem valia a pena (como observa Rodrigo) obriga-los a saírem do caminho. Era deixa-los onde estavam e seguir adiante. Ir pisando neles e tocando o bonde porque o atraso era muito.

Aí está porque entre os novos e os velhos do Brasil era impossível qualquer entendimento. Não se tratava de completar uma obra já começada ou ao menos esboçada e entrevista. A questão era muito mais séria: urgia tentar coisa inteiramente diversa. O que havia não prestava mesmo para nada. A geração adolescente teve de começar do princípio. Construir tudo. Até a língua. Principalmente a língua.

Essa situação de criança jogada na roda em nada humilha o modernismo nacional. Muito pelo contrário: exalta-o. E constitui uma vantagem inapreciável. Dá-lhe a mais ilimitada liberdade de ação. Não nasceu com esse peso morto de responsabilidades e obrigações herdadas com o sangue que diminuem na vida o poder ativo do homem. Livre para construir livremente uma obra livre. Sem o freio de dar satisfação a quem quer que seja.

É por tudo isso que eu não posso me conformar com a mania que tem certos modernos nossos de criar um problema para a literatura brasileira. Já por várias vezes eu tenho feito alusões a esse tremendo problema. Até hoje não consegui saber ao certo em que ele consiste. Nós não temos problema nenhum a resolver. Isso de problemas é luxo de civilizações cansadas. Selvagens da América, nosso problema é escrever e mais nada. Depois que venham as teorias, os postulados, as questões, os alvitres. Por enquanto só nos cabe fazer prosa e fazer poesia. Muita prosa e muita poesia. O resto é conversa.

Tomemos primeiro conta dessa imensidão devoluta que é a arte nacional. O grilo legalizado se fará depois. Então, sim, virão as demarcações, os litígios, os sururus a tiro e paulada.

Agora é arregaçar as mangas e meter a cara no mato, pessoal. Só.

(1926)

III
MENINOS PRODÍGIOS

Sempre meu deu que pensar. A geração moderna do Brasil é uma geração de crítica. Sempre me deu que pensar, porque uma terra de minguada produção literária como esta seria natural que não existisse crítica. Para que? Não há nada a criticar.

Mas não. A fornada contemporânea é quase toda de juízes e peritos. Gente que analisa, esclarece, discute e opina. E o movimento renovador se distingue assim de um lado pela ausência absoluta de autores dramáticos e de outro pela superabundância de críticos.

Está claro que eu me refiro tão somente ao grupo revolucionário. A vanguarda moça e dinamiteira. Fora dela são poucos os analistas e muitos (até demais) os teatrólogos. Mas esses não me interessam. Agora ao menos.

*

Uma olhadela rápida nos valores novos basta para demonstrar a verdade do que afirmo. Para principiar os paulistas. Mário de Andrade é crítico de tudo. Não escapa nada. De Cândido Mota Filho nem se fala. Sérgio Milliet é quem passa em revista os volumes de poesia no Terra Roxa, Guilherme de Almeida escreveu duas teses de concurso que ficarão. Rubens de Morais é autor de um só livro; e é um livro de crítica. Yan de Almeida Prado doutrina sobre pintura. Prudente de Morais Neto também faz crítica. E das melhores. Sérgio Buarque de Holanda não nasceu mesmo para outra coisa. Couto de Barros é dos mais fortes e equilibrados espíritos julgadores que eu conheço. Menotti del Picchia também não rejeita oportunidade para esbordoar ou aplaudir. E é preciso citar ainda Martim Dumy, Mário Graciotti, Cassiano Ricardo, Ribeiro Couto, Plínio Salgado. Como se vê, a lista é grande. E não está completa.

A meninada mineira é até maníaca. Vive de balança na mão. Pesando.

No Rio há Ronald de Carvalho, Agripino Grieco, o pândego de Oswaldo Costa (aliás residindo agora aqui em São Paulo), Teixeira Soares, Gilberto Freyre, Renato de Almeida, entre outros. Não falando em Manuel Bandeira que vem se revelando um crítico habilíssimo e apetitosíssimo nas páginas da *Revista do Brasil*.

Pois aí está. Além dos três ou quatro que fazem da crítica essa exclusiva profissão literária, uma porção de poetas, romancistas e pensadores que, não contentes de produzirem poesias, romances e prosa, ainda metem o nariz na produção alheia medindo, classificando, metendo o pau.

Gentinha danada.

*

O fenômeno é singular na história da literatura brasileira. Por estas bandas auriverdes sempre se chorou a falta de críticos. As gerações sucediam-se transbordantes de retóricos e palradores. Uns e outros em geral inteiramente ocos. A crítica se resumia no elogio mútuo ou nos desabafos pessoais. Lá de vez em quando um cérebro mais pensante agitava certas ideias e discutia certas figuras sem conseguir impressionar a modorra ambiente.

As modas literárias surgiram naturalmente. Não se preparava o terreno para elas. Mesmo porque não era preciso. Os novos batiam o mesmo terreno dos velhos.

Iam caminhando. Sem acelerar o passo. Uma vez na vida e outra na morte um dos andarilhos se curvava, colhia uma florzinha, enfiava-a na lapela e ia todo lampeiro se juntar logo ao grupo sonolento. Mas isso mesmo só acontecia quando a florzinha se oferecia à beira da estrada. Ninguém se dava à massada de pro-cura-la. E tinham a ilusão que caminhavam. Marcando passo sempre, afinal de contas.

A própria guerra do Parnaso, em que pese ao conhecimento do venerando Alberto de Oliveira (*Tinta fresca!*), não passou de uma brincadeira infantil. O romantismo já era coisa morta e apodrecida. O parnasianismo substituiu-se a ele sem trabalho algum. A literatura brasileira deva a impressão de uma viúva louca para casar. O primeiro pretendente que apareceu foi recebido de beijos nos lábios e ofegos no peito. A viúva tratou logo de chamar padre e juiz de paz com medo de algum arrependimento. E o casório se fez imediatamente. Mas não deu certo. Logo depois o feliz lar virou lar de peça francesa de antes da guerra: apareceu o Outro chamado naturalismo. E os três ficaram residindo na mesma casa. Em doce harmonia. Com grave escândalo.

Enfim a tal reação (digamos reação) de 1889 triunfou com a maior facilidade desse mundo. Bastou a publicação no *Diário do Rio de Janeiro* de dois ou três sonetos de dois ou três poetas quanto ao parnasianismo e de dois ou três contos de Tomaz Alves quando ao naturalismo. Não foi preciso mais. A moda pegou.

Luta mesmo não houve. A geração de 1889, portanto, não teve necessidade de doutrinadores, mentores, agitadores. Não teve precisão de defender seus princípios no terreno da estética. Não armou turumbambas intelectuais. Não estudou nem pesquisou. Era uma geração pouco informada, vagabunda e inculta. Só mais tarde alguns membros dela resolveram mobilizar o espírito. A prestações. E deram em mostrar erudição.

A rapaziada da renovação contemporânea, ao contrário, armou-se formidavelmente para poder vencer. Pôs em dia a sua cultura. Universalizou-a. E só saiu a campo depois de sentí-la bem forte e inexpugnável. Geração muitíssimo informada, estudiosa e sabida.

Nem podia deixar de o ser. Porque não se tratava mais de marcar passo. Nem de seguir a mesma estrada. Não, não. A tarefa era desacoroçoadora quase. Cinquenta anos de atraso mental tinham levantado uma barreira de ignorância e de mesmice, de tradição e de preguiça que parecia invencível. O primeiro cuidado da geração foi assim destruir. Daí a necessidade de críticos. Daí o aparecimento de espíritos implacavelmente analíticos. Daí o barulho moderno.

Sim. É uma geração metida a sebo. E por isso mesmo vitoriosa. E valente. E independente. E inteligente. E erudita como o diabo. Perigosíssima portanto. Vem levando de vencida todos os obstáculos.

Começou negando. Negando e convencendo. Dentro do movimento está hoje muita gente que o combateu encarniçadamente no seu início. A massa dos indiferentes já começou a sair de sua indiferença. Até a Academia Brasileira de Letras se digna conceder prêmios a obras de alguns dos pateados de 1922. Parece mentira, mas não é.

Consequência falta de uma renovação soberbamente lançada e soberbamente sustentada. Não quer isso dizer que por si mesmo, pelo muito que significa, o movimento não tivesse vencido. Venceria certamente. Mas como tudo quanto se refere a coisas do espírito nesta terra só no fim de muitos anos. A revolução estética entre nós não precisou contar com o tempo. Estourou como uma bomba. Abalando céus e terras do Brasil. E se impôs imediatamente. O modernismo é hoje uma escola, uma verdadeira escola literária. Vitoriosa em todos os pontos desta imensidade geográfica. Tendo cinco centros propulsionadores: São Paulo, Rio de Janeiro, Belo Horizonte, Natal e Porto

Alegre. A reação portanto é nacional. Nacional e nacionalista.

A rapaziada que a promoveu com ar de brincadeira entrou na luta armada até os dentes. Os que contra ela se bateram no terreno da cultura caíram liquidados em dois tempos. Foi uma surpresa. Ninguém esperava que sob aquela aparência moleque se escondesse tamanha destreza mental. Os bobos tiveram a revolução inesperada de uma cultura moderna cuja existência nem imaginar eles podiam.

Para a ingenuidade ambiente só ignorantes teorias e audácia de destruir uma tradição de muro de taipa. Ninguém acreditava que se pudesse derrubar uma cultura (por mais absurda que fosse) a serviço de um pensamento novo. Não. Destruíam porque não podiam fazer igual. Atacavam por despeito impotente. Incapaz de continuar a obra das anteriores, a geração moderna tratava de depreciá-la.

Uma das razões do equívoco foi a repulsa pregada por alguns dos inovadores a toda e qualquer influência livresca. A pretendida apologia da incultura. O horror a quaisquer bulas professorais. A vaia nos Albalat de botina de elásticos.

Erro de apreciação ou compreensão que logo se desfez. E erro muito justificável. Porque para o brasileiro de então a cultura geral havia parado em Rui Barbosa, a poesia em Olavo Bilac, o romance em Coelho Neto, a crítica em Osório Duque Estrada, a pintura em Pedro Alexandrino, a escultura em Rodolfo Bernardelli, a música em Carlos Gomes. Esses homens é que encarnavam definitivamente as várias manifestações da arte e da inteligência no Brasil. Não se concebia que fora deles e depois deles pudesse existir o que quer que fosse de diferente. A nação se contentava com esses expoentes e neles se contemplava e se admirava embevecida.

A afirmação, pois, de que os alexandrinos de Bilac e os perus amados de Pedro Alexandrino não interessavam mais chocou como um disparate. Só podia ser atribuída à mais chapada das ignorâncias. Natural.

Cultura e inteligência eram no Brasil propriedade exclusiva da Academia Brasileira de Letras e de outras senhoras igualmente imprestáveis. No dia, portanto, em que se ousou escrever e falar que, além dessa cultura e dessa inteligência rançosa, existiam uma inteligência e uma cultura novinhas em folha, o país inteiro gritou indignado que novinhas em folha eram a ignorância e a burrice dos que assim escreviam e falavam. Natural.

E até aí não foi nada. O negócio estourou mesmo quando se provou a verdade das afirmações inovadoras. Então sim. A raiva atingiu no máximo.

Para estourar logo depois. Capitulando diante da evidência. E hoje é isso que se vê. Toda gente quer ser modernista. De tal forma que para mim o primeiro dever do movimento renovador é de hoje em diante ir dando para trás com a pretensão dos malandros que nele querer se encartar a muque. Sério.

(1926)

4
UMA QUALIDADE MODERNA

Uma das coisas que eu mais admiro na meninada literata de hoje é a coragem de afirmar. Porque a de pensar não basta. De tanto pensar já morreu um burro brasileiro. E muita gente respeitável também.

Até agora o que havia era o medo de dizer com franqueza, com lealdade, com desassombro. Ninguém tinha a audácia de suas opiniões. A história da literatura brasileira não registrava uma guerrinha por mais vagabunda que fosse. Tão somente lá de vez em quando uns combates singulares muito frouxos e muito inócuos. Pondo de lado Tobias Barreto, Eduardo Prado, Romero, Euclides, Valentim, poucos mais, ninguém era capaz de apontar um erro, agitar uma ideia chocante, enfrentar uma reputação firmada.

Que esperança. Os homens de letras formavam uma irmandade fechada que adorava os mesmos ídolos. E a garantia de cada um estava na covardia intelectual dos demais.

Prova evidente de fraqueza. Está claro. Os tais era solidários por necessidade. O primeiro berro viraria o bando todo de pernas para o ar. As disputar eram, portanto, pessoais, feitas de intriguinhas sussurradas no ouvido, de picuinhas cheias de inveja e despeito. Nasciam e morriam dentro do cenáculo. Cá fora não transpirava coisa alguma. Muito pelo contrário: os membros da irmandade só abriam a boca em público para o elogio mútuo. Um dizia que o outro era gênio para ser pago com a mesma moeda na primeira ocasião.

E viviam assim felizes e contentes. Bem-aventurados.

*

Eu penso que é a essa pusilanimidade que se deve em grande parte o atraso intelectual do Brasil até cinco anos atrás. Pudera. A glória dos taizinhos se apoiava no ramerrão, no consagrado, no geralmente aceito. Era uma glória oficial. Por isso mesmo facílima de ser alcançada. Bastava entrar para as fileiras do partido governista. E nivelar-se com os membros dele. Na concepção e na realização da obra de arte. Produzindo coisas que não entrassem em conflito com as já produzidas. A vitória dos moços dependia da voluntária velhice prematura deles. As gozações continuavam-se sem evoluir. Porque o elogio oficial era imprescindível. E só poderia ganha-lo quem fosse fiel aos princípios do partido. Enfim, a literatura não passava de um reflexo da política. A mesma subserviência. A mesma carneirice. A mesma baixeza. O mesmíssimo desastre.

Nem existia o recurso de apelar para o sufrágio popular. Não havia eleitores (até hoje não há). Sem a proteção dos potentados portanto a literatura moça não podia vingar. E para vingar tinha que se fazer caduca. Pois não. Era o único remédio.

Num meio assim como tentar alguma renovação? Quase impossível. Precisaria uma coragem tremenda que nunca houve. Mesmo os inteligentes se submetiam à rotina. Também por comodidade e preguiça. Para que brigar? E depois não era tudo tão bom e tão fácil? O audacioso que por curiosidade de espírito, ânsia de coisa nova ou vontade independente quisesse arejar o ambiente teria de romper com os companheiros de maneira literária. Estes ficariam indignados da vida por não haverem sido avisados a tempo. Afim de se irem adaptando aos poucos à novidade revolucionária. Com que direito um homem resolvia de um momento para outro, sem prevenir ninguém, tirar a sua carta de alforria literária? Falta de lealdade e de gratidão. Grandíssimo desaforo. Só matando o infame. Cachorro. Desgraçado.

Era portanto uma gostosura. A ignorância do meio e do momento fazia a união. Os pândegos dormiam sossegados. Ninguém era bobo de se meter a destruir a mesmice intelectual do Brasil. Porque se assim fizesse começaria por se destruir a si próprio. Tempo canja esse que ainda se acreditava na existência de mestres da palavra escrita, sublimes artífices do verso, incomparáveis condores do pensamento. Em que a gente citava Vitor Hugo e o pessoal ficava embasbacado. Tempo bom das frases bonitas e dos versos clangorosos. Tempo estupendo da ignorância eloquente e do sempre igual é que convém. Delícia de tempo.

Parecia eterno.

*

Até 1922 parecia mesmo. Alguém chamou a manifestação dinamiteira do Municipal de guerra do Paraguai da arte moderna no Brasil. Eu acho que seria mais certo considera-la o nosso 7 de setembro espiritual. Porque ele não foi senão isso. A independência veio um século depois da outra, mas veio. Do palco do Municipal feito colina do Ipiranga partiu o grito. E o pessoal tratou logo de arrancar do cérebro as ideias-distintivos do passado. Nem faltou o cabloco de cara assombrada olhando sem compreender. Está encarnado nessa gente toda que até agora não deu pelo milagre da libertação.

E que força fez esse milagre? Ora, ora: o que provém da coragem de afirmar. Tão somente.

*

Coragem de afirmar destruindo. Para principiar. E destruindo não só o que não presta como também e principalmente o que não interessa mais. Camões por exemplo. Com Camões acontecia uma coisa engraçadíssima. Ninguém o lia. Ninguém tinha mais tempo e pachorra para isso. No entanto, toda a gente fingia saber de cor *Os Lusíadas*. De vergonha de confessar a verdade. Parecia feio e até humilhante dizer em público que *Os Lusíadas* eram (ainda são graças a Deus) a coisa mais cacete do mundo. Depois das poesias de Luiz Murat, está visto. Porque estas sempre desafiaram e desafiarão qualquer concorrência. Isto seria pensar em voz alta. Coisa que ninguém tinha o topete de fazer.

Chega a meninada e grita: Camões não nos interessa mais! Foi aquela beleza. Toda a gente respirou de puro alívio. Ficou o brasileiro livre da obrigação de citar o gênio imortal da raça. Finalmente.

O mesmo aconteceu com os outros fantasmas que viviam perseguindo a literatura brasileira. A rapaziada demonstrou que eles não passavam de meras assombrações. Só os bobos é que podiam ainda acreditar nelas. Resultado: ninguém mais quis ser bobo. Não vê.

*

Outra modalidade do pavor de afirmar que tanto prejudicou o desenvolvimento intelectual do Brasil se encontra para mim no próprio estilo literário. Isto é: a palavra como disfarce do objeto. O literato nunca chamava a coisa pelo nome. Nunca. Arranjava sempre um meio de se exprimir in diretamente. Com circunlóquios, imagens poéticas, figuras de retórica, metalepses, metáforas e outras bobagens complicadíssimas. Abusando. Ninguém morria: partia para os paramos ignotos. Mulher não era mulher. Qual o quê. Era flor, passarinho, anjo da guarda, doçura desta vida, bálsamo de bondade, fada, o diabo. Mulher é que não. Depois a mania do sinônimo difícil. A própria coisa não se reconheceria nele. Nem mesmo a palavra. Palavra. Tudo fora da vida, do momento, do ambiente. A preocupação de embelezar, de esconder, de colorir. Nada de pão pão, queijo queijo. Não senhor. Escrever assim não é vantagem. Mas pão epílogo tostado nos trigais dourados, queijo acompanhamento vacum de goiabada dulcifica, sim. É bonito. Disfarça bem a vulgaridade das coisas. Canta nos ouvidos. E é asnático, absolutamente asnático. Tem sobretudo essa qualidade.

Quando leio certas xaropadas do Brasil passadista tenho a impressão de que tudo neste mundo (sentimento, objeto, fato ou paisagem) recebia do escrito o tratamento de vossa excelência. A expressão era sempre um cumprimento à coisa exprimida. O literato não se contentava em exclamar: *Como cheiram as magnólias!* Não. As magnólias eram capazes de se ofender com tanta secura. E ele então acrescentava poeticamente: *Flores de carne, seios de virgem.* Pronto. As magnólias já não tinham direito de se queixar.

Verbalismo tropical não há dúvida. Mas também vergonha de se exprimir naturalmente, concisamente. A um literato não ficava bem diminuir o mais possível a distância que separa a linguagem escrita da falada. Isso era não ser artista. O artista não afirma. Que esperança. Diz incertamente. A imagem nunca deve aclarar mesmo afeiando. Nada disso. Sua função é alindar e mais nada. Ainda que obscurecendo.

O engraçado é que essa literatura sempre foi a mais objetiva possível. O literato no Brasil (aliás o fenômeno não era só nosso) nunca entrou pelo inexprimível adentro. Exceção feita de Machado de Assis. Agora imaginem que descalabro que seria se tivesse entrado. O confuso descrevendo o confuso. De que escapamos, meu Deus.

*

A coragem de afirmar não se revela somente como muita gente pensa na xingação, na descompostura, na insolência. Dizer na cara já é muito. Mas não basta. É preciso também dizer de coração, esvaziar-se, despejar-se no papel. Antes de mais nada afirmar a sua personalidade acima de tudo e de todos. Fazer uma bora de nitidez objetiva e subjetiva. E aí é que a porca torce o rabo, coitadinha.

O grande bem do movimento moderno foi justamente humanizar a nossa literatura. Humanizando o literato primeiro. Antes dele o homem se escondia bem lá no fundo do artista. De bobo e medroso. Agora não. Perdeu a vergonha e o medo. Diz com franqueza e simplesmente o que pensa dos outros e de si mesmo, do mundo que vê do mundo em que vive. Coragem, sim. Coragem que é a mesma no *Domingo dos Séculos* como nas *Memórias Sentimentais de João Miramar*, do *Losango Cáqui* como na *Pauliceia*, nos versos de Manuel Bandeira como nos artigos de Prudente de Morais Neto. Coragem de afirmar a sua brasilidade e a sua modernidade, a sua ousadia e o seu humanismo. Coragem de se afirmar em suma.

Até 1922 os homens de letras entre nós tinham assim um jeitinho cômico de entes sobrenaturais. Houve muita gente mesmo que só pelo fato de escrever bancava a divindade grega para cima dos trouxas. Mas a meninada moderna acabou com tudo isso. As divindades caíram das alturas. Algumas até de muito mau jeito. Não se levantam mais. Nem a macaco.

(1927)

5
GERAÇÃO REVOLTADA

Eu só acredito na sinceridade de minha geração quando tomada pelo espírito da revolta. Porque não compreendo nela outra atitude a não ser a de reprovação e combate diante do Brasil atual. Do mundo atual também podia ser. Mas é o Brasil que nos interessa.

A rapaziada da minha idade, que abriu os olhos já neste século, cresceu e se formou num ambiente feito de desânimo, de tragédia e de negação. Principiou encontroando a República desmoralizada. Lendo os jornais ou ouvindo a conversa dos mais velhos aprendia a xingar os administradores e odiar os políticos. Tudo podre, tudo péssimo, o país governado por ladrões e ineptos e a-pesar-disso sustentando-os no mando. A campanha civilista (a gente tinha na lapela a figura do Rui Barbosa ou do Hermes) desiludiu os últimos sinceros e começou a propaganda da revolução. Revolução que deveria ser civil e no entanto foi militar. Foi e é.

Não havia homens. Não havia partidos organizados. Não havia nada. As lições de tolerância e sabedoria políticas eram dadas pelos homens vindos do Império. Gente que se batera pela República e agora se batia contra ela, porque não era assim que a havia imaginado.

E de repente a guerra. Tristeza que a gente só vagamente conhecia disfarçada em heroísmo nos compêndios de história. Foi um espanto. Logo porém a coisa virou carne de vaca, e o comentário dos morticínios pavorosos se fazia de olho alegre. Depois da desgraça acabada é que se avaliou o que os homens mataram nos campos de batalha, em si mesmos, nos outros, em tudo. A paz não veio principiar os tempos de depois da guerra, mas restabelecer aquele período angustioso de antes da guerra. A meninada assistiu assombrada à mudança da luta.

O horror não coube na Europa e transbordou. O mundo inteiro sentiu o abalo. No Brasil o que só estava de pé por milagre desmanchou-se logo em ruínas. Tudo no chão: finanças avariadas, literatura erradíssima, política inqualificável, jornalismo desonesto, ensino ignorante, cultura vazia e assim por diante.

Antes, durante e depois da guerra, discursos. Discursos que não resolviam mas aumentavam os problemas. E a certeza divina do país mais forte, mais belo e mais rico do mundo. No entanto essa certeza misturada com a descompostura em tudo e em todos. O artigo de fundo principiando com a difamação e o arrasamento e acabando com a tirada patriótica. País admirável, mas infeliz.

*

A gente na escola aprendia a gramática de várias línguas desconhecidas: português, grego e latim. Além disso, o nome de todos os cabos da África. E recebia com um discurso no fim do ano o prêmio de aplicação: Porque me ufano do meu país. No entanto a história pátria era ensinada com os pés. Simples enumeração de datas e feitos heroicos. Crítica nenhuma, nenhuma ligação entre dois fatos. Imbecilidades deprimentes até, isso sim. Mais ou menos parecidas com a contida na resposta da pergunta: *Quais foram os serviços do dr. Nilo Peçanha em relação às finanças do país?* que se encontra na edição hoje adotada do compêndio de Lacerda: *Foram tão relevantes que, quando deixou o poder, os nossos banqueiros em Londres, srs. Rotschild & Cia., declararam que o Brasil tinha alcançado um período de excepcional prosperidade, graças unicamente à alta capacidade do governo que findou.* Para quem quiser.

O único fim do ensino era preparar o menino para a matrícula no curso superior. De forma que ninguém ficava sabendo física, mas somente as respostas às perguntas conhecidas do examinador nos exames preparatórios. Muitos iam mais longe: frequentavam os cursos particulares dos examinadores oficiais. E era uma beleza.

A escolha da carreira se decidia (e se decide) pelo menor número de humanidades exigidas para a matrícula. E isso explica o grande número de estudantes de direito tempos atrás como o grande número de acadêmicos de medicina hoje em dia. Não se obedecia a uma inclinação decidida. Nada disso. O que se queria era o anel, não para exercer a profissão, mas como chave de várias portas apetitosas: política, emprego público e sobretudo casamento rico.

O ensino superior no Brasil toda a gente sabe o que sempre tem sido. O de direito então é de uma inutilidade absoluta. Professores de cultura e mentalidade macróbias repetem para um grupo de distraídos (onde se destacam os funcionários públicos) preleções decoradas há muito tempo e que versam todas sobre o direito estrangeiro. Tratados de direito brasileiro são raros, não há nada criado, tudo é adaptado. O curso é uma eliminatória para as provas futuras de política e eloquência. O bacharel sai sem saber redigir uma procuração. Agora em matéria de engrossamento (manifestações ao governo, excursões em trens especiais à custa do governo, mensagens de aplausos à ação eminentemente patriótica do governo) e de oratória (discursos de aniversário, discursos nacionalistas, discursos comemorativos, discursos de boas vindas e de despedida) o bacharel fica doutor.

Tudo isso enche a gente de indignação. E na vida prática a indignação aumenta. De duas, uma: ou o bacharel novato se contenta com uma delegacia de quinta ordem, ou se dedica à indústria da falência e do grilo. Para o que não quer sair da sua profissão e não encontra prato feito são os dois únicos caminhos. A advocacia honesta para quem começa sozinho é uma utopia. Não é possível. Em São Paulo, pelo menos. O foro é uma escola de imoralidade e miséria onde tudo se ajusta para a fraude, o assalto à bolsa alheia, o tribofe indecente. Escrivães e advogados (sob a tolerância, embora às vezes inocente, dos juízes) só tem um fito: tirar dinheiro das partes.

Aliás a engenharia e a medicina não são mais convidativas. Aquela está estragada pelo protecionismo e esta pelo charlatanismo. Numa terra que eu conheço muito bem durante anos e anos a fio todas as obras públicas sem exceção eram entregues, independente de concorrência, a uma certa pessoa. Acabava governo, começava governo, e o homem fagueiro: a construção dos prédios para os serviços administrativos vinha certinha para ele. Na medicina quem não recorre ao anúncio escandaloso morre de fome. É preciso garantir ao cliente a restituição dos honorários no caso de um tratamento sem resultado para vencer de entrada. De vez em quando se esboça uma reação contra esse estado de coisas, mas fracassa logo ou quase nada consegue.

*

E me deixem agora falar da literatura, coitadinha. Foi nela bem ou mal que a revolta da geração explodiu primeiro. Decidiu-se começar por só matando o que já estava morrendo. Isto é, cheia de vida estava ela, mas de uma vida que só enganava os bobos. Convinha portanto quebrar o feitiço.

Aproveitou-se para isso o movimento que, principiado antes de 1914, só depois de 1918 se acentuou no mundo inteiro. Não foi imitação, mas cooperação. O Brasil literariamente estava longe do mundo. Jogou-se o lerdo para a frente, ele caiu na realidade de fora, falta agora cair na realidade de dentro. Os helenos foram enxotados. Que apareçam os brasileiros.

Precisamos de uma literatura de ação intensa (como a que exerce Mário de Andrade, entre outros), de uma literatura que se intrometa em tudo, leve o espírito novo ao jornalismo, à política, ao ensino. É um caminho que conduz a todos os caminhos, movimentando-os. O cabo do leque tal qual.

Tudo isso demonstra que diante de um livro como o *Retrato do Brasil* todas as atitudes contra se justificam por parte dos que ainda acreditam nas potocas românticas do Brasil perfeito. Porém a geração que pulou em 1922 só será coerente consigo mesma reconhecendo a verdade das conclusões de Paulo Prado. Tudo quanto está no final do já famoso ensaio, quem está hoje para entrar na casa dos trinta ou para dela sair sentiu sem disfarce. Pode não ter reagido: mas se deixou impressionar pelo que é mais um motivo (esse indiscutível) para a tristeza nossa.

(1929)

PROSA e VERSO

Não é que eu ache que temos poetas de sobra. O que me parece é que temos prosadores de menos. No fundo o verdadeiro pendor nacional é pelo discurso, pela imagem eloquente e cantante. De forma que nos tempos do romantismo se escolhia naturalmente o verso muito mais adequado do que a prosa para os arrebatamentos palavrosos. A inclinação irresistível pelo falar bonito e difícil levava à poesia porque esta, com a batida de pratos das rimas, forçava o tom elevado e sublime. Nas campanhas sociais e políticas utilizava-se do verso como de uma tribuna popular. As imprecações, as tiradas sarcásticas, os gritos de desespero e de indignação não cabiam na prosa. O verso admitia todas as liberdades e a sua noção era inseparável da ideia de pompa, clangor, majestade. Tudo isso abafando a poesia quando esta existia.

NATURALISMO E PARNASIANISMO

O naturalismo favoreceu um pouquinho a prosa, livrando-a às vezes do discurso. Favoreceu, portanto, só nesse sentido. Os amantes da frase harmoniosa e burilada se refugiaram no verso parnasiano. E como eram a grande maioria logo a prosa teve de se recolher de novo aos penates. A retórica perorava nos sonetos, dominava no parlamento e na imprensa, gemia ou rugia no teatro e na rua, nas declamações amorosas, também nas presidenciais. Ninguém escrevia sem dar a impressão de que pedia a palavra com a ideia sinistra de arengar. Literatura para ser lida em voz alta. Tudo — verso, conto ou crônica — tinha exórdio e peroração.

Muito verso, pouca poesia, prosa nenhuma: conclusão provável de um ensaio sobre a literatura brasileira. Prosa nenhuma. As exceções que se apontam de uns tempos para cá são sobretudo fornecidas por gente que procurava e procura escrever como se conversa. Mas escrever como quem conversa bem (quer dizer, como aquilo que se chama um brilhante conversador), escolhendo cuidadosamente suas frases, não esquecendo no momento oportuno de encaixar uma coisinha adrede preparada, de olho aceso nos ouvintes para ver o efeito. Uma naturalidade forçada que sabidamente é coisa mais detestável que o artifício declarado. Com a preocupação de escrever como toda a gente fala ou escreve, o prosador desaparece, está visto. A contribuição pessoal se perde e a obra parece anônima. Estilo anônimo pode mesmo ser chamado o da maior parte dos nossos escritores.

MOVIMENTO ATUAL

O movimento atual trouxe várias soluções para a poesia, mas pouco tentou na prosa. Nesta desigualdade continuou e há por aí muito poeta inovador defendendo seus pontos de vista em prosa clássica. Basta comparar as duas antologias editadas por Simon Kra, para verificar quanto a poesia está na França, por exemplo, melhor servida do que a prosa. De poeta a poeta, a gente vai sentido a diferença. No entanto, esses mesmíssimos poetas tão viersos entre si podem ser confundidos como prosadores. O caso de Cendrars é quase único. Esse, sim, é pessoalíssimo na poesia como na prosa. O estupendo L'Or é um prodígio de técnica: a narração nunca perde para o assunto, como em geral acontece quando este sai de certos limites, prolonga pela aventura e pelo extraordinário.

No Brasil a solução mais conhecida — a solução Mário de Andrade — procurou reduzir o mais possível a diferença entre a linguagem falada e a linguagem escrita. E daí surgiu uma prosa lírica (diversa da corrente) de enorme riqueza, mas inseparável do assunto brasileiro. Solução discutível, mas sem dúvida curiosíssima para servir a feição nacionalista do movimento. Utiliza-se da baixa fala popular sem ligar às regiões, unindo expressões do norte e do sul, da praia e do sertão. Muito boa, a única possível para quem a encontrou, para quem tem em vista ser brasileiro do Brasil (coisa difícil como o diabo) e por isso mesmo solução para uso exclusivo. O que aliás não é defeito. O mal dela (segundo me parece) é dar à prosa um lirismo que desoriente um pouco. É prosa e não é prosa. A contribuição folclórica e lendária (essencialmente poética e musical) intervém como um elemento de desnaturalização.

Não há dúvida que com a prosa a gente faz poesia. E é uma das vantagens da primeira sobre a segunda. Porque com poesia não se faz prosa. Agora dar a esta um tom que é próprio daquela não me parece certo para quem ama a prosa pela prosa, para quem trabalha diretamente esse material, evitando toda e qualquer liga, isolando-se nele, não saindo dele. Lutando, enfim, para atingir a prosa pura como tantos se cansam atrás da poesia pura.

O MAIS DIFÍCIL

E aí é que a porca torce o rabo desesperadamente. Creio mesmo que a superabundância e versos existente no mercado se deve em grande parte à facilidade que a poesia oferece (tal como é geralmente compreendida) em comparação com a prosa. Esta é dura de se roer. Porque é vasta, informe, rebelde, difícil de se abarcar e de circunscrever.

Tenho a impressão de que o poeta vê a poesia acabada, feita em seu subconsciente. A realização é um simples trabalho de adaptação e emenda. Quem se resolve a perpetrar um soneto já tem vários problemas resolvidos: a forma, a dimensão, a métrica, o ritmo, a colocação de rimas. Antes da realização já vê a coisa objetivada. Ela não pode escapar de certas regras, tem de obedecer naturalmente a um plano fixo, imutável, de concretização fatal. A ideia caberá dentro dos limites estabelecidos como a figura na tela do pintor.

O prosador não. Seu trabalho é uma aventura. Nada mais impreciso, por exemplo, do que um romance. No próprio conto cabe tudo. O assunto tem um terreno ilimitado onde se desenvolver. O que sairá dali? Não se sabe, não. No espaço incerto e imensurável as palavras vão chamando as palavras. O escritor luta com o assunto e com a exposição do assunto. Novela, conto, romance, crônica são termos vagos que não delimitam coisa alguma. A poesia vai evoluindo, vai abandonando certos gêneros, vai se simplicando. A prosa é a mesma imensidão desde que nasceu. A gente se perde nela facilmente. Não há fronteiras. Raramente se termina onde se devia terminar.

Muito mais perto da vida do que a poesia (ou se quiserem do drama cotidiano da vida) a prosa corre mundo, se torna uma coisa de complexidade absurda, tem vida própria, independente, cansa e engana. A poesia pode ser um momento lírico, um transporte instantâneo, fluência de determinado estado de espírito que ele mesmo ignora como vem. Ou pode ignorar como veio. Será a parte de Deus como quer excelentemente Prudente de Morais Neto.

O ROMANCE

Vejam agora o romancista. Ele é o agente passivo e ativo ao mesmo tempo. Se obedece a um estado de imaginação ou o que seja não é concebível que os efeitos desse estado permaneçam meses e meses, anos e anos a fio. Chega uma hora em que o desgraçado provoca a inspiração, apela para ela, procura a invenção quando não se sente puxado para mil lados porque não é ele o único a resolver, agir e falar. O poeta diz o que sente. E já é muito quando a gente sente com ele. O romancista diz o que sente, sim, mas sobretudo o que os outros sentem, é instrumento de vontade alheia, domina, mas também é dominado, mesmo que não queira.

Na literatura brasileira de hoje a prosa tem se limitado a servir a poesia. Não se libertou esta embora seja a mais forte. É verdade que só agora a poesia está por sua vez se libertando do discurso. É esse o grande inimigo. Nossa terra tem tribunas onde arengam os bacharéis. Os bacharéis e os médicos. Os médicos e os engenheiros. Os engenheiros e os farmacêuticos. Os farmacêuticos e outros. Só um novo recenseamento dirá o número. Quanto somos? Quarenta milhões de brasileiros? Felizmente há as distâncias que são enormes e proíbem os ajuntamentos.

Da Revista De Antropofagia

I
ABRE-ALAS

Nós éramos xifópagos. Quase chegamos a ser deródimos. Hoje somos antropófagos. E foi assim que chegamos à perfeição.

Cada qual com o seu tronco mais ligados pelo fígado (o que quer dizer pelo ódio) marchávamos numa só direção. Depois houve uma revolta. E para fazer essa revolta nos unimos ainda mais. Então formamos um só tronco. Depois o estouro: cada um de seu lado. Viramos canibais.

Aí descobrimos que nunca havíamos sido outra coisa. A geração atual coçou-se: apareceu o antropófago. O antropófago: nosso pai, princípio de tudo.

Não o índio. O indianismo é para nós um prato de muita sustância. Como qualquer outra escola ou movimento. De ontem, de hoje e de amanhã. Daqui e de fora. O antropófago come o índio e come o chamado civilizado: só ele fica lambendo os dedos. Pronto para engolir os irmãos.

Assim a experiência moderna (antes: contra os outros; depois: contra os outros e contra nós mesmos) acabou despertando em cada conviva o apetite de meter o garfo no vizinho. Já começou a cordial mastigação.

Aqui se processará a mortandade (esse carnaval). Todas as oposições se enfrentarão. Até 1923 havia aliados que eram inimigos. Hoje há inimigos que são aliados. A diferença é enorme. Milagres do canibalismo.

No fim sobrará um Hans Staden. Esse Hans Staden contará aquilo de que escapou e com os dados dele se fará a arte próxima futura.

É pois aconselhando as maiores precauções que eu apresento ao gentio da terra e de todas as terras a libérrima Revista de Antropofagia.

E arreganho a dentuça.

Gente: pode ir pondo o cauim a ferver.

2
INCITAÇÃO AOS CANIBAIS

O atraente parteiro, professor, acadêmico e orador doutor Fernando de Magalhães escreve há dias em São Paulo onde falou sobre o feminismo, deu uma lição de obstetrícia e concedeu uma entrevista.

É essa entrevista que merece ser conhecida. O doutor Fernando fez nela a apologia entusiasmada da Sociedade Brasileira de Educação. Sociedade benemérita, sociedade utilíssima, sociedade isto, sociedade aquilo. A prova? Aqui está (palavras textualíssimas): A biblioteca da Associação — acentuou — é o que há de mais perfeito no gênero, como ordem e como método na sua organização. Uma de suas seções, por exemplo, a biblioteca infantil, exigiu um trabalho enorme de paciência e perspicácia. Necessitou-se de um inquérito entre as crianças para se saber quais os livros preferidos, chegando-se a resultados estupendos. Uma criança de 12 anos, por exemplo, a qual perguntou-se qual o livro preferido, respondeu prontamente: "Lusíadas", de Camões.

Ora, ora, ora, ora. Que brincadeira é essa? Então o raio do menino com doze anos de idade já é assim tão imbecilzinho que prefere Camões a Conan Doyle? E é isso que se chama resultado estupendo?

O doutor Fernando quis troçar com a gente. Não tem que ver. Menino que chupa Camões como se fosse pirulito de abacaxi não é menino? É monstro. Mas que monstro: toda uma coleção teratológica. É também para guris desse quilate (e não só para os peraltas) que existe chinelo de sola dura.

Põe a gente triste verificar que um fenômeno assim

é, como não podia deixar de ser, brasileiro. Já no grupo escolar a molecada indígena ouve da boca erudita de seus professores que o Brasil foi descoberto por acaso e Camões é o gênio da raça. A molecada cresce certa dessas duas verdades primarciais. Daí o mal imenso: país descoberto por acaso é justo que continue entregue ao acaso dos acontecimentos. Mesmo porque a gente não tem tempo para perder com bobagens: Camões absorve todos os minutos inteligentes.

Esse antropófago que vem desde o nascimento dessa terra (há um testamento de bandeirantes escrito numa folha manuscrita do Os Lusíadas) devorando com delícia as gerações nacionais precisa por sua vez ser deglutido. É urgente por boi tão gordo na boca da sucuri brasileira. E que sirva de aperitivo a Sociedade Brasileira de Educação. Para rebater, a sobremesa será o doutor Fernando que é manjar doce e fino.

3

CARNIÇA

Numa conferência há pouco realizada na Faculdade de Direito de São Paulo, Baptista Pereira esguichou um pouco de Cruzwaldina na epidemia positivista que assolou e ainda hoje assola este país condoreiro. Pode parecer bobagem a gente ainda se preocupar com tal coisa. Pode parecer só: porque não é. Ninguém está claro vai se dar ao trabalho de combater o positivismo hoje em dia. Mas é preciso de uma vez por todas liquidar com esse cadáver que enterrado desde muito na Europa foi exumado por meia dúzia de fivelas e trazido para o Brasil onde continua empestando o ambiente.

Quase todas as tolices inicias da República a gente deve aos austeros namorados póstumos da dona Clotilde. Assim como entre nós sujeito mal cheiroso é para todos os efeitos filósofo , bastava alguém fazer parte da igrejinha Ordem e Progreso para ser considerado logo sábio, armazém de virtudes, torre de honestidade.

Não digo que se coma semelhante carne. É coisa que já a cozinha refugou, o cachorro não quis, os corvos não aceitaram protestando virar vegetarianos caso insistissem. Também deixar na dispensa envenenando as varejeiras não é possível.

Daí o melhor é por a carniça num tanque de creolina e recambiá-la para a Europa. Com este bilhete: preferimos sardinha. Que marca vocês querem? Amieux, Philippe & CAnaud ou aquela da saudosa memória d. Pedro Fernandes, inexplicavelmente desaparecida do mercado desde 1556?

4
A ENTRADA DOS MAMALUCOS

Pode-se negar poesia à Ilíada. É impossível negar a um anuário demográfico.

Há dias ando mergulhado no paulista de 1924. Produz os três efeitos do céu de Curitiba (na opinião da herma Alberto de Oliveira patinado a Negrita). E mais um. Faz cantar, orar, sonhar e instrui. Entre outras coisas, a gente fica sabendo que japonês não é atropelado, apendicite não mata negro, raio não gosta de mulher.

Então a parte dedicada aos casamentos (nupcialidade diz o anuário) é uma gostosura que só vendo. A estatística da Capital, Santos, Campinas e Ribeirão Preto constitui nesse ponto um puro madrigal à morena desta terra de mais homens que mulheres.

Vão escutando. Em 1894 houve 456 casamentos entre brasileiros, 143 entre brasileiros e estrangeiras, 127 entre estrangeiros e brasileiras, 854 entre estrangeiros. O imigrante ainda andava arisco. Desgraçado. A parcela dos casamentos entre a gente de fora batia sozinha as três restantes somadas. E o brasileiro (engraçado) tinha medo que se pelava do juiz de paz.

Agora em 1924 o negócio mudou de uma vez: 4144 casamentos entre brasileiros, 627 de brasileiros com estrangeiras, 1311 de estrangeiros com brasileiras (estão vendo?). 1629 entre estrangeiros. O pessoal da estranja se atirou feio na prata da casa.

Mas ele é que é o comido. Antropofagia legítima. E para quando será o coroamento da rainha dos antropófagos?

5
PACTO DO DIA

Responsável por este restaurante antropófago, venho hoje oferecer às queixadas catecúmenas uma comida de arromba:

— Salta o pacto de Kellog com molho de hipocrisia norte-americana!

Pois os senhores já viram imbecilidade mais revoltante?

Reúnem-se em grave assembleia os conhecidos bandoleiros Jorjão Taco, Neco Facio, Prazer das Morenas e Totó Sururú. E o que é resolvem? Declarar o assassínio e o roubo fora da lei. E o mundo inteiro aplaude o pacto solene.

O norte-americano que inventou essa obra-prima do cinismo e falsidade é o mesmíssimo norte-americano que intervém na Nicarágua e aumenta todos os dias a sua fora guerreira. E a Europa que nossa obra-

-prima colaborou é a mesmíssima Europa que trucida chineses e africanos e vive há muito tempo lavando a sua roupa ensanguentada em público.

O Brasil foi convidado para aderir a essa pouca-vergonha. Mas antes de por o seu jamegão no pacto deve perguntar aos pândegos se só agora descobriram que a guerra é uma infâmia. E se quiser participar da pagodeira que vá até Paris munido de máscara contra gases asfixiantes. Com gente de tal ordem toda a precaução é insuficiente.

Quanto a nós, deglutindo o pacto de Kellog, alacaremos a pombinha da paz.

6
VACA

Os portugueses do Rio de Janeiro ofereceram ao ministro brasileiro das Relações Exteriores uma vasta placa de bronze. Quiseram com isso homenagear o homem que obrigou os membros de um congresso qualquer a ouvirem discursos no grego de Camões.

Mais uma vez o Brasil defendeu o que em Portugal chamam de patrimônio comum da raça. Defesa que cabia aos lusitanos. Mas não tendo mais força nem autoridade para isso arranjaram advogado convencendo-o de que também tinha interessa na causa. De forma que não pagam honorários. Contentam-se em dar um presentinho de tempos em tempos.

Está tudo errado. A língua portuguesa não é patrimônio comum da raça. Primeiro porque não há raça mas raças. Segundo porque não há língua mas línguas.

O português diz que sim. Prega a unidade e tal. É a coisa de sempre: quando estava de cima só gritava eu, agora que está por baixo faz questão do nós.

Essa união luso-brasileira é que nem aquela de Mutt e Jeff diante do cinema numa caricatura de J. Carlos:

— Vamos fazer uma vaca, Jeff?

— Vamos: você entra com dez tostões e eu entro com você.

Sem tirar nem por.

7
CONCURSO DE LACTANTES

Estão tratando de erguer não sei onde (mas sempre aqui no Brasil) um monumento à mãe preta. Os denodados que para isso trabalham querem confessadamente prestar uma homenagem de gratidão às amas molhadas e secas mas sobretudo molhadas da linda cor do urubu. E através delas à raça escrava.

Eu acho isso muito bonito e comovente, porém perigoso. Marmorizada ou bronzeada a preta, as mulatas e as brancas protestarão na certa. E será preciso erguer outros monumentos. Um para cada cor. Depois um para cada nacionalidade. A homenagem provocará uma competição de raças, de origens, até de tipos de leite. Por fim os fabricantes de leite condensado também reclamarão a sua estátua e com toda a justiça. E haverá o diabo quando o governo holandês exigir uma para as vacas suas súditas. Eu não estou ofendendo. Eu estou prevenindo.

8
PESCARIA

Hoover vem aí. Quando ele se candidatou à presidência norte-americana o Brasil cafeeiro velou seu nome. Foi das coisas mais engraçadas desta terra tão engraçada além de essencialmente agrícola. Agora estão sendo preparadas manifestações oratórias. Está claro que está certo.

Hoover vem aí e vem pescando. O batalhão de jornalistas que o acompanha radiotelegrafa todos os dias contando os sucessos de sua pescaria. Nem tubarão tem refugado diante da isca. E o presidente sorri cada vez mais contente da vida.

Hoover vem aí. Vem pescando no mar. E desce de anzol feito bengala. Na terra continua a pescaria. Daqui a pouco a costa sul-americana do Pacífico está no papo. É só substituir a minhoca da isca. O pessoal todo já abriu a boca esperando as comidinhas irresistíveis: panamericanismo, fraternidade continental, a América dos americanos.

Hoover vem aí. Vem aí e vem pescando perguntar que fim levaram as nossas tradições antropófagas.

Brasil, meu amor, você também virou peixe?

9

CHACO

O conflito entre a Bolívia e o Paraguai a propósito do Chaco teve até agora pelo menos uma vantagem: mostrar a inutilidade absoluta da Sociedade das Nações.

Quando a macróbia Europa soube que dois meninos sul-americanos estavam se preparando para um sururu de verdade pensou muito convencida: Eu arranjo a coisa em dois tempos. Briand, o cabeludo (como diz Daudet) se incubiu de redigir e assinar o telegrama pacificador. O telegrama partiu. Briand deu entrevistas em que declarava terminado o incidente. Quem tem prestígio é assim. Acabem com essa briga, seus borrinhas. Os borrinhas com medo do chinelo abraçam-se cordialmente.

Mas a Bolívia e o Paraguai receberam o despacho, leram e continuaram a trocar beliscões. Nem ligaram. Briand encabulou. A Sociedade das Nações encabulou. A Europa (que soube do negócio) encabulou.

Só depois que o pessoal da América se decidiu a intervir é que as coisas tomaram melhor rumo. À voz da casa os briguentos cruzaram os braços. E tudo parece acabar em santa paz.

Assim está certo. Com a intromissão da Europa estava errado. Era quase preferível fazer a guerra. Só de pique.

10
ASCÂNIO LOPES

Com vinte e dois anos Ascânio Lopes morreu no dia 10 de janeiro em Cataguazes. No dia 9 (como Carlos Drummond de Andrade me lembrou) eu dizia no Diário da Noite de São Paulo que o menino-poeta tinha futuro garantido. E tinha mesmo. O que mais me agradava nele era suas cartas e de seus versos eu percebia um Ascânio bom, muito bom mesmo. Porém essa bondade ele guardava e escondia. De forma que os de fora o ignoravam. E embora a culpa fosse sua ou não fosse de ninguém, Ascânio se vingava com a malícia. Ele mesmo deixou transparecer isso comoventemente numa poesia chamada "Ambiente de infância".

O pouquinho que Ascânio escreveu dá de sobra para a gente lastimar o que deixou de escrever. Foi embora quando ainda estava no começo e a gente sente saudade daquela esperança. Acreditava na literatura e na literatura do Brasil. De vez em quando se metia a estudar assuntos graves. E nunca brincou. Não via na poesia moderna (como tantos) apenas um pretexto para ousadias engraçadas e molecadas cínicas. Trabalhava honestamente. Sabia o que fazia e queria fazer direito, fazer sempre melhor.

Outra coisa que ele também sabia era sofrer. A doença que o matou em certos períodos não lhe deixava tempo senão para acompanhar passo a passo a aproximação do fim. Há 41 dias que estou de febre brava (assim me escrevia em maio de 28) e estou proibido de ler, escrever, levantar, mexer, etc. E acrescentava: Agora mesmo a febre aumenta. Isso com uma letra que ia crescendo como a febre dele.

Rosário Fusco escreveu antes dos versos do *Fruta do Conde*: ...e que ninguém nunca se esqueça de Ascânio Lopes. Pois é claro que quem o conheceu não poderá esquecer, Rosário Fusco.

CADERNOS ULTRAMARES